PARIS. — IMPRIMERIE DE E. MARTINET, RUE MIGNON, 2.

CENTENAIRE DE LA MORT DE COOK

COOK ET DALRYMPLE

PAR

LE Dʳ E. T. HAMY

EXTRAIT DU BULLETIN DE LA SOCIÉTÉ DE GÉOGRAPHIE
(MAI 1879)

PARIS
LIBRAIRIE CH. DELAGRAVE
ÉDITEUR DE LA SOCIÉTÉ DE GÉOGRAPHIE
15, RUE SOUFFLOT, 15

1879

COOK ET DALRYMPLE

DISCOURS
PRONONCÉ DEVANT LA SOCIÉTÉ DE GÉOGRAPHIE
A L'OCCASION DU CENTENAIRE DE LA MORT DE COOK
Par le D' E. T. HAMY.

I

Un nouveau passage de Vénus sur le soleil était annoncé pour le 3 juin 1769, et l'imminence de cet événement astronomique, auquel il n'avait été donné d'assister qu'une seule fois depuis que les travaux de Halley en avaient fait comprendre l'importance, émotionnait vivement le monde scientifique presque entier. L'insuccès accidentel de la plupart des expéditions tentées huit ans plus tôt pour étudier le même phénomène, les causes d'erreurs tout à fait imprévues que quelques-uns des astronomes avaient été en mesure de reconnaître, les écarts considérables entre les données numériques qu'ils avaient rapportées des différentes stations[1], tout cela faisait désirer que de nouveaux efforts fussent tentés pour obtenir de meilleurs résultats.

Les corps savants réclamèrent des pouvoirs publics l'envoi d'observateurs choisis, en certains lieux soigneusement déterminés, et leurs demandes furent quelquefois accueillies avec faveur.

Nulle part le mouvement ne s'accentua d'ailleurs avec autant d'énergie que dans la patrie de l'astronome illustre qui avait le premier saisi la valeur du phénomène qu'on allait revoir, et en avait préparé d'avance tous les éléments de calcul. Informés du rôle important que pouvait jouer, au

[1]. Voy. sur ce sujet l'article inséré par M. J. Bertrand dans le numéro de février 1872 du *Journal des Savants* (p. 111-126).

moment du passage de 1769, un observatoire établi dans les mers du Sud[1], les membres de l'Amirauté anglaise, qui, depuis l'avènement de Georges III, multipliaient avec une si noble ardeur les grandes entreprises géographiques, avaient chargé Wallis, partant au mois d'août 1766 pour faire le tour du monde, de choisir dans sa traversée de l'océan Pacifique un emplacement pour la station astronomique qu'ils se proposaient d'établir.

La nouvelle expédition était décidée en février 1768, et sur les conseils de Wallis, rentré le 10 mai suivant, on choisissait pour observatoire le Port Royal, dans l'île de Taïti, que le marin anglais, croyant l'avoir découverte[2], avait nommée *l'île du Roi George*. Le commandant devait rapidement gagner le poste qui lui était assigné, observer le passage, enfin marcher, d'abord au sud, puis à l'ouest, pour tenter de nouvelles découvertes[3].

Parmi les hommes qui semblaient devoir le mieux remplir la double mission qui s'imposait au chef d'une semblable entreprise, on citait surtout à la Société royale un savant hydrographe, Alexander Dalrymple, que de nombreux voyages et de longues études spéciales avaient rendu particulièrement habile dans l'art nautique.

Pendant cinq ans (1759-1764) Dalrymple avait parcouru les mers orientales, amassant de nombreux documents de toute sorte, qu'il devait fort heureusement utiliser plus tard au profit de la science et de son pays, et recueillant, surtout des mains des Espagnols, quantité de matériaux précieux sur leurs navigations[4]. Il avait inséré en juillet

---

1. J. de la Lande, *Explication d'une carte du passage de Vénus sur le disque du soleil, qui doit arriver le 3 juin 1769* (*Hist. de l'Acad. roy. des sc.*, 1764. *Hist.*, p. 123).

2. On sait aujourd'hui que Taïti a été découverte par l'expédition espagnole de 1505-1506, commandée par Quirros et Torrès.

3. Hawkesworth, *Introduct. générale*, pass. (*Relation des voyages entrepris pour faire des découvertes dans l'hémisphère méridional*, etc., trad. fr., vol. I. Paris, 1774, in-4.)

4. A. Dalrymple, *An historical Collection of the several Voyages and*

1767, dans les *Philosophical Transactions*, une dissertation très ingénieuse sur les îles de corail des mers de Bornéo et sur les éléments qui contribuent à leur formation[1]. Il publiait au mois d'octobre de la même année une carte du Pacifique méridional, où se trouvaient indiquées les découvertes antérieures à 1764, et plus particulièrement celles qui semblaient appuyer l'existence d'un continent austral[2]. Il laissait en même temps circuler quelques exemplaires d'un traité *sur les Découvertes faites dans l'océan Pacifique méridional*, dans lequel se trouvait exposé, avec une remarquable érudition, l'état des connaissances qui paraissaient acquises sur les régions du globe que l'expédition en partance était chargée de visiter[3].

Malheureusement Alexander Dalrymple n'appartenait à aucun titre à la marine royale, et sir Edward Hawke, qui était à la tête de l'Amirauté, peu soucieux de voir se reproduire les fâcheux événements qui avaient marqué les voyages de Halley, refusa énergiquement de donner au savant hydrographe ce qu'on avait eu le tort d'accorder autrefois à l'illustre astronome. Il déclara que sa conscience ne lui permettrait jamais de confier un vaisseau du roi à un homme qui n'était pas de la Royal Navy[4], et sur la proposition de Stephens, chaudement appuyée par sir Hughes Palliser, il désigna pour commander l'expédition un ancien maître que ses aptitudes pour les études hydrographiques avaient fait élever au grade d'ingénieur de la marine pour Terre-Neuve et le Labrador[5].

Discoveries in the South Pacific Ocean., vol. I. London, 1770, in-4. Introduction, p. xxii-xxiii.

1. A. Dalrymple, *On the Formation of Islands* (*Philosoph. Transact.*, vol. LVII, 1767, p. 394, et *Historic. Collect.*, vol. I, p. 22, 1770).
2. Id. *Chart of the South Pacific Ocean pointing out the Discoveries made therein, previous to 1764.* Published october 1767.
3. Id. *The Discoveries made in the South Pacific Ocean*, 1768 (cf. *An Historic. Collect. Pref.*, p. vii).
4. Cf. A. Kippis, *Vie du capitaine Cook*, trad. fr. Paris, 1789, in-4, p. 14, etc.
5. Dalrymple, dans un *post-scriptum* que l'on trouve à la fin de la

C'était James Cook; James Cook, que l'un de ses protecteurs, le docteur Bevis, présentait l'année précédente à la Société royale comme « un bon mathématicien » et un homme « très expert dans l'exercice de sa profession », et qui devait si vite et si brillamment justifier la confiance de ses chefs et le choix de l'Amirauté britannique.

Dalrymple ne pouvait admettre que l'on mît en parallèle les modestes services du topographe de Terre-Neuve avec ceux qu'il avait rendus lui-même en ouvrant de nouveau à ses compatriotes les routes du grand archipel d'Asie[1]. Blessé dans son amour-propre, déçu dans ses légitimes espérances, il ne pardonna jamais à son heureux rival la préférence inattendue dont il était l'objet, et l'on peut dire, sans exagération, que, dans sa longue carrière, il n'a point perdu une occasion d'amoindrir l'homme ou de rapetisser son œuvre.

Cette œuvre immense que Cook sut mener à bon terme dans l'espace de moins de onze ans, renversait d'ailleurs le système géographique dont Dalrymple s'était constitué en Angleterre le plus intrépide défenseur, et la querelle de personnes vint se doubler d'un conflit de doctrines, lorsque, au retour de son premier voyage, Cook put montrer que le *continent austral*, dont son adversaire affirmait si résolument la réalité, n'existait pas au nord de 48° 22' de latitude S., entre les méridiens de Taïti et de la Nouvelle-Zélande.

Après avoir observé avec succès à Taïti le passage de

---

lettre à Hawkesworth, dont il est question plus loin (*Post-Script. to the Public*, p. 32), a fait allusion, dans des termes assez pénibles, aux influences exercées sur le « digne et brave ancien officier, qui était à la tête de l'Amirauté quand l'*Endeavour* fut acheté ».

« Ses idées sur les découvertes, écrit Dalrymple, furent claires et justes dans la seule conférence que j'aie jamais eue avec lui, et on m'a dit qu'il avait ensuite déploré que je ne *pusse point partir*. Mais sa nature ouverte, honnête, à l'abri de tout soupçon, l'a exposé, je crois, aux insinuations d'hommes *rusés*, qui se sont efforcés, etc., etc. »

1. Cf. *Historic. Coll.*, Introduct., p. XXIII et XXV.

Vénus, visité les îles voisines, en partie nouvelles pour la science, et auxquelles il imposait le nom d'*îles de la Société*, Cook avait marché droit au sud vers les terres indiquées sur la carte de Dalrymple de 1767 et dépassé de près de 20 degrés dans cette direction les latitudes assignées aux côtes hypothétiques du fameux continent austral.

Il n'y pouvait rien rencontrer. La *terra Australis incognita*, les grandes terres magellaniques, tout cela n'existait que dans l'imagination échauffée de quelques géographes, et les observations sur lesquelles ils s'étaient appuyés pour admettre ces belles choses étaient ou mal fondées, comme les *signes de terre* mentionnés par Quiros, ou illusoires, comme celles de Juan Fernandez. Quelques îlots perdus au milieu des profondeurs de l'Océan méridional, *rari nantes in gurgite vasto*, représentent seuls le troisième monde que les cartographes du xvie siècle avaient si hardiment tracé.

Cook, poussant ensuite vers l'ouest, entre 30 et 40 degrés, avait découvert la côte orientale d'Ika-Na-Mawi, que quelques-uns de ses compagnons prenaient d'abord pour le continent cherché, mais qu'une circumnavigation opiniâtre de près de six mois vint démontrer n'être qu'une des deux grandes îles de l'archipel de la Nouvelle-Zélande, dont Tasman avait touché, cent vingt-sept ans plus tôt, le bord occidental et où l'infortuné Marion devait bientôt après trouver une mort horrible.

Tout le monde sait qu'en quittant la Nouvelle-Zélande, dont il venait de dresser la carte hydrographique presque complète, Cook alla aborder sur ces plages aujourd'hui peuplées par ses compatriotes, auxquelles il imposa le nom de Nouvelles-Galles du Sud, et que la reconnaissance de toute la bande orientale de l'Australie et la traversée du détroit qui la sépare de la Nouvelle-Guinée vinrent couronner cette mémorable campagne.

II

Pendant que Cook détruisait en partie le système qui régnait incontesté dans la cartographie depuis la fin du moyen âge, Dalrymple publiait à Londres les deux premiers volumes de son *Historical Collection*, dédiée à la mémoire de Quiros, cet « émule de Magellan », ce « héros des premiers âges », qui, « non par sa bonne fortune, mais par son courage et sa science, est parvenu à découvrir un continent méridional, » *succeeded in establishing an intercourse with a Southern Continent.*

Il est question dans l'introduction du recueil de contrées australes inconnues, *égales en étendue à toute l'Asie civilisée, de la Turquie à la Chine*[1], et la moitié du premier volume est consacrée à ce même Quiros, dont le nom est proclamé *immortel* et dont la *théorie australe* est représentée comme une *sublime conception*[2].

La postérité n'a pas plus ratifié le jugement de Dalrymple sur Quiros que sur son œuvre. Les documents historiques publiés dans ces derniers temps en Espagne et en Angleterre ont singulièrement amoindri le personnage[3]. Quant à sa découverte, Bougainville, coupant entre 16 et 17 degrés de latitude sud le méridien de la trop fameuse *terre australe du Saint-Esprit*, montrait, avant même que l'impression du recueil de Dalrymple fût menée à bon terme, que cette terre n'est « autre que l'archipel des grandes Cyclades, que Quiros avait pris pour un continent [4] ».

---

1. Dalrymple, *An historic. Collect.* Introd., p. xxiv.
2. Id., *ibid.*, p. 95.
3. Voy. en particulier l'appendice VI de l'édition de Morga, publiée pour la société Hakluyt, en 1868, par lord Stanley d'Alderley (*the Philippine Islands, Moluccas, Siam, Cambodia, Japan and China, at the close of the sixteenth Century*, by Antonio de Morga, translated from the Spanish., etc.). et un mémoire de don J. Zaragoza : *Descubrimientos de los Españoles en el mar del Sud y en las costas de la Nueva Guinea*, qui a paru au *Boletin de la Sociedad geográfica de Madrid* de janvier 1878, p. 7-66.
4. De Bougainville, *Voyage autour du monde par la frégate du Roi la*

C'est sans nul doute à cette importante constatation, qui mettait à néant la *conception sublime* du « héros des premiers âges », que Bougainville dut, en grande partie, les outrages que lui prodigua le défenseur à outrance du continent austral [1].

En malmenant de si rude façon un navigateur qui venait d'honorer le pavillon français, l'hydrographe britannique ne risquait assurément point de soulever contre lui l'opinion publique d'outre-Manche [2].

Mais il n'eût point été prudent à lui de brutaliser Cook comme il brutalisait Bougainville ou tout autre. Bien avant l'impression de la rédaction officielle du voyage de l'*Endeavour*, des relations plus ou moins imparfaites en avaient circulé en Angleterre et même en France [3], et ces récits tronqués avaient excité partout un intérêt si vif, qu'il s'était trouvé des libraires pour acheter à Hawkesworth, au prix de *six mille livres sterling*, le texte complet dont

---

Boudeuse et la flûte l'Étoile en 1766, 1767, 1768 et 1769. Paris, 1771, in-4, p. 257. — Le voyage de Bougainville n'a été imprimé qu'un an après les deux premiers volumes de l'*Historical Collection*, mais notre grand navigateur était rentré à Saint-Malo le 16 mars 1769. Les relations de Dalrymple avec d'Après de Mannevillette l'avaient certainement mis au courant des principaux épisodes du voyage — ses injures contre Bougainville en font foi — et la dédicace, où elles font si triste figure, est datée du 1er janvier 1770.

1. *Not to HIM*, dit Dalrymple en parlant de Bougainville, *who discovered scarcely any thing but PATAGONIANS, Not to HIM — who from 20° south Latitude, Thinking it impossible to go on DISCOVERY into 30° south. Determined to come — HOME — round the World Into 50° North. — Not to HIM — who Infatuated with Female Blandishments, Forgot for what he went abroad And Hasten'd back to amuse The European World With Stories of Enchantments In the NEW-CYTHEREA; but.,* etc... *this historical Collection is presented.*

2. Dalrymple a souvent flatté les passions anti-françaises de ses compatriotes. Dans sa polémique contre Cook, par exemple, il compare les plans de l'*Endeavour* à ceux de ces *voyages français* « du gaillard d'avant à celui d'arrière » où *la fantaisie et l'imagination* « éclipsent nature et vérité ». Certain dessin de la même collection lui rappelle un *maître a danser de France* donnant une leçon de maintien. Les planches 21 et 22 sont honteuses pour un livre anglais, et feraient rougir *MÊME un Gascon*... etc.

3. Nous citerons par exemple le volume publié sous les noms de Banks et Solander, par Becket et de Hondt, dès 1771, et traduit par de Fréville pour Saillant et Nyon en 1772.

l'Amirauté lui avait confié la rédaction [1]. Grâce au noble désintéressement de sir Joseph Banks, qui avait abandonné au profit de l'œuvre commune les notes de toute espèce rassemblées soit par lui, soit par ses auxiliaires dans le cours de l'expédition, Cook, qui n'avait écrit *lui-même* que le journal presque exclusivement nautique dont l'original est actuellement sous nos yeux, Cook, disons-nous, se trouvait plus populaire que Byron, Wallis, Carteret, dont les campagnes étaient associées à la sienne dans la collection officielle.

Dalrymple comprit bien que des attaques directes contre un adversaire si bien posé dans l'opinion, au lendemain de cette publication *triomphale*, tourneraient à sa propre confusion. Ce fut à Hawkesworth, le rédacteur officiel de l'Amirauté, qu'il crut pouvoir s'en prendre sur les « imputations mal fondées et grossières » introduites dans son texte [2].

Hawkesworth avait lu et confié à relire sa rédaction à Cook, pour lui donner, comme il le dit lui-même, « toute l'authenticité dont elle était susceptible ». Attaquer Hawkesworth, c'était attaquer Cook, sans blesser l'opinion. Ce détour permet à Dalrymple de prendre sur son ennemi bon nombre d'avantages. Il constate, par exemple, que l'injustice qu'il a essuyée dans le refus du commandement du vaisseau *choisi par lui* pour le voyage ne l'a point détourné de communiquer à M. Banks les connaissances qu'il avait acquises sur cette partie peu connue du globe. Il avait remis au compagnon de Cook un recueil des découvertes

---

1. Note de la « Préface des éditeurs Français » de la collection Hawkesworth. Dalrymple a calculé que cela faisait 38 livres à la feuille.

2. *A Letter from M. Dalrymple to Dr Hawkesworth, occasioned by some groundless and illiberal Imputations in his Account of the late Voyages to the South*, br. in-4, London, 1773; traduite partiellement en français par de Fréville à la fin des *Voyages dans la mer du Sud par les Espagnols et les Hollandais*; Paris, 1774, in-8. Un exemplaire de cette lettre, qui se vendait un schelling, de la carte qui y est mentionnée page 21 et de la traduction du *Mémorial* d'Arias, dont l'impression venait de se faire en Écosse, fut donné *gratis* à tous les souscripteurs des deux volumes parus de l'*Historical Collection* de Dalrymple.

tentées dans la mer Pacifique *avec la carte qu'il en avait dressée* et qu'il n'a publiée qu'après le retour de Bougainville. Or sur cette carte se trouvait tracée, d'après Arias, la route de Torrès, au sud de la Nouvelle-Guinée. Si l'*Endeavour* s'est déterminé à passer entre cette terre et la Nouvelle-Hollande, ce n'est pas à son commandant qu'en doit revenir l'honneur. « Le capitaine Cook, dit Dalrymple, s'appuyant sur l'autorité de M. Pingré, prétendoit que Torrès avoit faire voile au nord de la Nouvelle-Guinée ; M. Banks soutenoit au contraire qu'il avoit laissé la Nouvelle-Guinée à droite. La route dessinée sur ma carte réunit enfin les suffrages. Je suis loin, ajoute-t-il non sans quelque ironie, de tirer vanité de ces circonstances. Dans la composition de ma carte, ce n'étoit pas sur des conjectures, mais sur des faits que je m'étois fondé ; et comme je n'ai jamais écrit sur une matière que je n'entendisse pas, il ne doit pas paroître surprenant qu'en rapprochant différentes relations imparfaites, je sois parvenu à des résultats vrais en saisissant ce qu'elles avoient de commun [1]. »

Le nom de Torrès, tiré de l'oubli par Dalrymple, est resté au détroit que le navigateur avait le premier franchi, en 1606. C'était justice rendue, sans doute, au meilleur homme de mer que l'Espagne ait jamais envoyé à travers le Pacifique ; c'était bien plus encore une revanche prise sur un trop heureux rival.

Dalrymple n'attachait d'ailleurs qu'un intérêt secondaire à la découverte dont il dépossédait le navire de Cook. Loin de prévoir que le passage qu'il débaptisait ainsi au profit de l'Espagne jouerait plus tard un rôle fort important dans la grande navigation, il a décrié quelque part ce détroit où « Cook ne trouvait que trois brasses » et dont « le chenal ne paraît point praticable aux navires de l'Inde [2] ».

1. *Loc. cit.*, p. 29, et trad. Fréville, p. 496-497.
2. Alex. Dalrymple, *Memoir concerning the Passages to and from China*. London, june 1782, br. in-4, p. 6.

Ce qui intéresse, au-dessus de tout le reste, le rude polémiste, c'est la question australe, cette *grande passion* de sa vie. En prenant Hawkesworth à partie, on le voit s'efforcer de discréditer avant tout, dans sa brochure, le chapitre même où il a raconté la campagne de Cook vers le sud, qui porte à son système une si cruelle atteinte.

Il vient de discuter un texte de Roggewein, sujet à controverse, et il ajoute : « Si l'on étoit fondé à rejeter des faits en alléguant *qu'ils ne sont point du tout probables*, ne pourroit-on pas nier ou du moins révoquer en doute une partie très intéressante de la navigation de l'*Endeavour*?

» Le docteur Hawkesworth *suppose* que dans le commencement de septembre 1769 le capitaine Cook, se trouvant sur le quarantième parallèle austral, par les cent soixante-quatorze degrés de longitude à l'ouest de Greenwich, fit voile au nord-ouest jusqu'au trentième degré de latitude australe ; que là il reprit sa route au sud-ouest, jusqu'à ce qu'il atteignît le quarantième degré de latitude, d'où il gouverna ensuite à l'ouest pour attaquer de la Nouvelle-Zélande.

«Voilà assurément, dit Dalrymple, une navigation qui n'est *point du tout probable* ; car il eût été *absurde* à M. Cook de choisir le temps de l'équinoxe pour tenter des découvertes à une haute latitude méridionale. D'ailleurs, de sa position au premier de septembre à celle où il s'étoit trouvé sur le même parallèle après avoir doublé le cap Horn, il n'y auroit pas eu au delà de trente degrés de longitude; et certainement si le capitaine Cook se fût trouvé dans la situation où le suppose M. Hawkesworth, il n'auroit pas manqué de faire voile à l'est pour vérifier l'existence du continent qu'on croit être placé dans cette partie du globe[1] ».

Est-il besoin de dire que Hawkesworth n'avait rien supposé, que cette navigation de Cook était parfaitement réelle, et que si Dalrymple cherchait à la mettre en doute, c'é-

---

1. Id. *ibid.*, p. 9 et 7, trad. cit., p. 478-480.

tait pour avoir l'occasion de traiter en passant d'*absurde*
une combinaison de son adversaire[1], et surtout afin de pouvoir, en contestant les résultats de la tentative vers le sud,
maintenir quelque temps encore l'hypothèse chancelante
des grandes terres australes inconnues?

Il revient d'ailleurs dans sa polémique sur la nécessité
de l'existence de ce continent « généralement adoptée des
géographes » pour « conserver l'équilibre entre les deux
hémisphères »; sur « la nature des vents qui règnent dans
la mer Pacifique», enfin sur « les signes peu équivoques du
voisinage des terres, aperçus par les différents navigateurs
qui ont traversé la mer du Sud[2] ». Il argumente Hawkesworth sur quelques points de détail, relève des différences
qu'il considère comme « essentielles » entre son texte et
certaines des cartes qui l'accompagnent. Il s'occupe en
passant de Cook, pour montrer des lacunes sur le journal
de bord « mal tenu » de l'*Endeavour* ou pour lui reprocher
de n'avoir point « profité des connaissances et des éclaircissements que pouvoit donner Tupia pour dresser une carte
de plusieurs îles dont il faisoit la description », et termine
par le tableau peu flatté des résultats acquis à la science
par ses compatriotes, dont les observations lui semblent,
en général, pouvoir seulement « jeter de grandes lumières
sur les anciennes découvertes[3] ».

Byron, Wallis, Carteret, Cook, tous ces grands naviga-

---

1. Dalrymple s'est de nouveau servi, avec plus de brutalité encore, de cette expression pour caractériser la conduite de son rival. La route la plus rapide vers Tahiti, dit-il dans ses observations, consistait à gagner le plus tôt possible la région des vents alizés, qui soufflent de l'est, au lieu de tenir la mer par les latitudes plus élevées, où les vents d'ouest prévalent. C'est pourquoi la navigation du capitaine Cook était *absurde*, etc. (*Observations*, etc., p. 8.)

2. Il cherche à retrouver dans certaines observations faites à bord du navire de Cook des signes de même nature, relevés à l'ouest au moment où l'*Endeavour* suivait une route voisine de celle de la flotte de Nassau, qui aurait vu, croyait-il, un continent dans cette direction par 50°, puis par 40° S. (*Lettre*, etc., 22.)

3. *Ibid.*, p. 27 et 22, trad. cit., p. 470-471.

teurs n'ont trouvé de terres nouvelles pour Dalrymple que
« quelques îles » dans la mer du Sud. « Les côtes de la
Nouvelle-Zélande et de la Nouvelle-Hollande, qu'on con-
naissoit déjà, sont, dit-il, d'une bien plus grande étendue
que celles qu'ils ont visitées. »

La partialité de Dalrymple était trop manifeste, son injustice trop criante à l'égard des marins de la Royal Navy
pour que l'éditeur de l'Amirauté, personnellement fort
maltraité d'ailleurs, ne se crût pas obligé de répondre. Un
nouveau pamphlet de Dalrymple vint clore, un peu plus
tard, ce pénible débat [1].

Cook, avec le naturel violent et emporté que ses amis
eux-mêmes et ses panégyristes sont forcés de lui reconnaître, Cook n'aurait point manqué de prendre une part ac-
tive dans cette lutte, comme on l'a vu plus tard intervenir
contre les deux Forster, Almon, etc. Mais pendant que
Dalrymple et Hawkesworth échangeaient, à son propos,
toutes ces aménités, il recueillait depuis près d'une année
déjà, dans les mers australes, les observations précises qui
devaient clore à jamais cette déplorable querelle.

III

Si Dalrymple avait soulevé maintes difficultés à propos
de la navigation australe de l'*Endeavour*, au départ de
Œtaroha, les autres géographes qui suivaient sa doctrine
avaient du moins admis qu'il n'existe aucun continent
au nord du 48° degré de latitude et à l'ouest du méridien
des îles de la Société. Mais il faisait observer qu'entre la
route suivie par Cook du cap Horn à Taïti et celle d'Œtaroha dans la direction du sud, il restait un intervalle suffi-
sant pour y placer les terres les plus septentrionales du
continent de Juan Fernandez. Cette manière de voir trouvait même des partisans à bord de l'*Endeavour*.

---

1. *M. Dalrymple's Observations on Dr Hawkesworth's Preface to the second edition*, br. in-4 de 20 p., 18 sept. 1773.

D'autre part, Dalrymple, menacé dans le Pacifique, réfugiait déjà dans l'Atlantique méridional ses chères théories [1]. Il importait à la science, à l'Amirauté britannique et à Cook en particulier, de compléter les résultats des premières explorations.

Une nouvelle campagne avait été ordonnée, dont notre héros semble bien avoir en partie tracé les plans. On l'avais chargé de parcourir tout le globe dans les hautes latitudes méridionales, en faisant de temps à autre des croisières dans les parages du Pacifique qu'on n'avait point encore examinés. Il devait « chercher la terre ferme sur *tous les points de l'hémisphère sud*, et, supposé qu'il y en eût une, déterminer si elle est accessible à la navigation ».

A quatre reprises différentes et sous les méridiens les plus divers, Cook s'est intrépidement lancé dans le sud jusque vers le cercle antarctique. Quelques groupes isolés, la Géorgie du Sud, Sandwich et la Thulé australe furent ses seules découvertes dans ces régions glacées. Partout ailleurs, les terres dont ses adversaires affirmaient l'existence s'évanouirent comme de vains fantômes devant la proue de son navire. Chacun des intervalles qui séparèrent ces tentatives hardies étaient d'ailleurs marqués par des opérations dans la zone intertropicale, qui complétaient ou réformaient les données acquises à la science par Mendaña, Quiros, Roggewein, etc. Une partie des îles des Amis, de la Société, des Marquises, etc., les Nouvelles-Hébrides ou Cyclades de Bougainville, la Nouvelle-Calédonie enfin, ont été ainsi reconnues. Cette dernière île, la plus grande du Pacifique après celle de la Nouvelle-Zélande, n'avait jamais été vue par aucun navigateur.

Plusieurs archipels restaient bien à découvrir. La Pérouse, Lütke, Dumont d'Urville, Wilkes, etc., devaient plus tard rencontrer de ci de là quelques terres nouvelles. Cook était

1. Alex. Dalrymple, *A Collection of Voyages chiefly in the Southern Atlantic Ocean*, published from original mss. London, 1775, in-4.

cependant autorisé à dire qu'il restait *peu à faire* dans cette partie du globe, après la longue et pénible exploration qui avait pris fin le 22 mars 1775.

Quatre mois plus tard, la *Résolution* rentrait en Angleterre, rapportant la solution définitive du grand problème que durant plus de trois siècles on avait vainement attaqué.

Il était désormais démontré que l'existence du continent austral est absolument *chimérique*, ou que s'il se trouve, comme Dumont d'Urville l'a prouvé dans la première moitié de notre siècle, un groupe de terres antarctiques, ces terres gisent si près du pôle, qu'elles demeureront à jamais improductives.

Bien en avait pris d'ailleurs à Cook d'embrasser tout le monde austral dans la vaste entreprise qu'il venait d'exécuter avec tant de hardiesse et de bonheur. S'il s'était borné à offrir aux lords de l'Amirauté de compléter seulement sa précédente tentative, s'il n'avait fait que prouver la non-existence du *continent australo-pacifique*, son infatigable contradicteur lui eût, sans aucun doute, opposé les découvertes d'Antoine de la Roche, de Halley, de Bouvet des Loziers, de Duclos-Guyot dans l'Atlantique du Sud, dont il publiait les textes quelques mois avant le retour de Cook.

Mais le grand navigateur avait su prévoir cette fois les objections des doctrinaires qu'il avait à combattre. Il s'était fait donner notamment par ses chefs la mission toute spéciale de vérifier la réalité des découvertes faites dans l'Atlantique méridional en 1739. S'il n'avait point rencontré au lieu indiqué par Bouvet le fameux *cap de la Circoncision*, du moins avait-il bien montré que l'île dont ce cap fait partie ne peut occuper qu'une faible superficie, en croisant et recroisant vers ses abords [1].

1. Voy. l'*Extrait du Voyage fait aux terres australes, les années 1738 et 1739, par M. des Loziers Bouvet, commandant la frégate l'Aigle, accompagnée de la frégate* la Marie, publié par d'Après de Mannevillette dans le recueil de Dalrymple ci-dessus mentionné.

Les terres que de la Roche et Duclos-Guyot avaient aperçues en 1675 et 1753 font probablement partie des Malouines ou de la Nouvelle-Géorgie. C'est de l'une ou de l'autre que Dalrymple faisait, en 1772, son dernier objectif dans les régions australes, et c'est à leur propos qu'il écrivit les lettres à lord North qui ont été conservées, et le projet d'organisation coloniale dont un de ses amis a osé dire qu'il était « un bien bon modèle du plus mauvais des gouvernements[1] ».

Battu dans l'Atlantique comme dans le Pacifique, Dalrymple abandonna en 1775 une lutte stérile.

Il visitait de nouveau les Indes orientales [2] avec Burnet Abercrombie sur le navire *Grenville*, pendant que son glorieux rival entreprenait avec la *Résolution* et l'*Adventure* le troisième voyage où il devait trouver la mort...

Dalrymple survivra plus de vingt-neuf ans à James Cook, et plusieurs fois encore il attaquera les découvertes de l'illustre marin qui l'a supplanté, sans l'avoir cherché du reste, en mai 1768 [3].

Une fois entre autres, le détracteur de Cook aura sous les yeux l'un de ces beaux planisphères coloriés qui sont l'honneur de la géographie française de la Renaissance. Dans

---

1. Les lettres à lord North, datées des 18 et 24 juillet et 3 août 1772, sont imprimées dans la préface de la *Collection de Voyages dans l'Atlantique du Sud* publiée en 1775. Dalrymple y expose ses projets de découvertes. C'est à ses frais et à ceux des amis qui associent leur fortune à la sienne qu'il veut entreprendre l'expédition, mais il demande qu'en revanche on lui concède toutes les terres non occupées qu'il pourra découvrir dans l'espace de cinq ans, de 0° à 60° lat. S. Lord North ne répondit qu'à sa troisième lettre. Il lui accorda une audience dans laquelle il ne fut question que de Balambangan, sur laquelle les Espagnols élevaient des prétentions que Dalrymple fut chargé de réfuter.

2. Alex. Dalrymple, *Journal of a Voyage to the East India in the sloop Grenville, captain Burnet Abercrombie, in the year 1775* (*Philosoph. Transact.*, vol. LXVIII, p. 389, 1778). — Ce voyage, commencé le 28 avril 1775, se terminait à Madras le 10 septembre 1776. Le manuscrit en fut présenté à la Société royale le 29 janvier 1778.

3. N'a-t-il point tenté, par exemple, de prouver dans un certain *Postscriptum* devenu presque introuvable, que si l'*Endeavour* a touché le 10 juin 1770, c'est parce qu'il était *mal conduit*?

quelques-uns des noms de « Jave la Grande », l'Australie des premiers Portugais, dont nos hydrographes dieppois ont fixé le souvenir, il voudra trouver la source de la nomenclature en usage chez Cook pour certaines localités de ses Nouvelles-Galles du Sud[1]. Il remarquera que le document du XVI° siècle appartient justement à Joseph Banks, compagnon de Cook au moment de la découverte de l'Australie orientale. Et on l'entendra s'exclamer sur ce qu'ont de curieux de telles correspondances et articuler ironiquement le *nil sub sole novum* du roi Salomon.

Vingt années s'écouleront sans qu'il soit répondu à cette attaque contre l'illustre mort. Enfin Frédéric Metz, un géographe français, montrera dans la *Revue philosophique*[2] l'invraisemblance des insinuations dont James Cook fut l'objet de la part d'un vindicatif adversaire.

De toutes parts en Europe, particulièrement en France, les littérateurs et les hommes de science célèbrent dès lors à l'envi les travaux et les découvertes du plus grand navigateur du siècle. Traduit dans presque toutes les langues, l'ancien matelot charbonnier jouit d'une réputation immense. Il a conquis dans l'histoire de la science, en dépit de son rival, la grande place qu'il y occupera toujours entre Magellan et Colomb.

---

1. Al. Dalrymple, *Memoir concerning the Chagos and adjacent Islands*, London, 1786, in-4, p. 4.
2. La *Revue philosophique, politique et littéraire*, an XIV, t. XLVII, p. 265.

(*Bull. de la Soc. de Géogr.*, mai 1879).

PARIS. — IMPRIMERIE ÉMILE MARTINET, RUE MIGNON, 2.

PARIS. — IMPRIMERIE ÉMILE MARTINET, RUE MIGNON, 2.

www.ingramcontent.com/pod-product-compliance
Lightning Source LLC
Chambersburg PA
CBHW071444060426
42450CB00009BA/2295